LA MANIVELLE

La Manivelle est une personne née d'une époque à pouvoir vous dire que Napoléon Ier, fut adopté par la providence de Dieu, comme guerrier pour sauver la France. En effet, c'est à lui que nous devons le titre de Français, était adopté délibérateur de Jésus-Christ, successeur de sa postérité fondée du fondement de la République française, l'an 1, 2, 3 et 4, etc., siècle des siècles, n° 1, Napoléou : 1° par la protection de la providence de Dieu aurait vécu dans le feu, il était fort, ne connaissant pas sa force, il remonta la croix pour se faire fort et démolit son fondement, remontant la croix, il remonta un parti qui fut bientôt plus fort que lui : démolissant son fondement, se creusa l'abîme où il ne tarda pas bien longtemps à sombrer; il tomba dans le pétrin où il est encore avec Jésus-Christ. Un membre de la famille devait venir les délivrer, Napoléon III se présenta, secoua l'arbre; mais le fruit n'était pas mûr, il n'en put cueillir que du mauvais fruit. Lorsque le bon moment vient, il nous arrive au pouvoir comme sur des roulettes, il embrassa une République sans fondement, il avait pour devoir de la fonder du fondement que son oncle avait démoli; pressé par l'orgueil, il fit le contraire, viola sa Constitution pour aller se fourrer dans la manche du Pape, avec la prétention d'établir son trône impérial. Il l'établit brutalement et précipitamment sans aucun fondement de rien, construit sur les ruines royales, il n'aurait pas résisté bien longtemps; mais il eut l'adresse de le caler de cette République qu'il avait sous sa main. On entendait dire que par quelques difficultés il laisserait la France, comme il l'avait trouvée, en République; c'était le moyen de se faire craindre, quoiqu'on ne l'aimât pas. Il avait la préfé rence à la République pour le parti qui le soutenait; il usa son bail en cherchant le moyen d'en renouveler un autre; le plan était bien tiré; mais il se mit le doigt dans l'œil; il s'aveugla à ne pas voir où il voulait aller.

La mécanique est une belle invention, toujours dans la voie de la vérité, elle ne peut dérailler que pour changer, de voie ça dépendde la manivelle qui la dirige. Si je vous parle de la manivelle, j'en sais quelque chose, j'en ai même la responsabilité, c'est moi qui la tiens et c'est moi qui vous parle : c'est moi qui suis né de l'époque du 31 décembre 1815; en venant au monde, mon esprit fut falsifié du repentir, du dépit et du mécontentement de Napoléon Ier, ce qui m'a tourmenté toute ma vie, sans savoir me comprendre. J'ai marché toujours droit devant moi, suivant mon sort; aujourd'hui, nous sommes en 1878. Je vous parle de vingt ans juste. Je promenais Jésus-Christ sur la croix dans une boîte en fer-blanc dans les cours du centre de Paris, comme faisant mon devoir pour lui faire ses adieux. J'ai employé tous les moyens que j'ai pu imaginer pour approcher de l'empereur dans l'intérêt de lui faire part de ma mission et lui faire connaître les devoirs qu'il avait à remplir. J'ai éprouvé de grands désagréments. Aujourd'hui, je suis dépourvu de toutes ressources, fatigué de grandes privations, je respire encore pour obéir à mes devoirs.

L'ORIGINE DU CRIME

L'origine du crime est un tableau affreux et effrayant, on l'a caché par une barrière mystérieuse; le crime nous arrive de tous côtés sans connaître d'où il vient. L'origine est un mystère, la vérité se cache, mais ne se perd pas. La mécanique est une belle invention, tant que la *manibelle bire et faye le tour.*

DÉLUGE

Durant le déluge, Noé construit une arche pour sauver la race, espèce qui flotta sur toute la terre en comparaison. Comme c'était triste, mes enfants! Après le déluge, c'était plus une arche, c'était un char. Le

Sauveur du monde, le Dieu dessus la terre, quatre personnages formaient le rouage, le cinquième tirait devant au limon. Ce furent Carnaval, Carême, Rameau et Pascal. Ce fut alors le char de la religion catholique, qui pacourut sur la terre pour disperser la race, espèce qu'il avait sauvée. En parcourant, il repeuplait ; en parcourant, il repeupla ; il a parcouru 1825. Les professeurs de la foi, de la religion catholique, furent tentés par leurs dieux, voulurent vendre Carême. Carnaval profita de cette occasion, quoique bien riche ; Carnaval ne pouvait pas payer Carême en gros ; mais on lui donna une grande satisfaction : on lui détailla pendant une cinquantaine d'années, je ne pouurrais pas vous expliquer ça si bien comme je le comprends. Je vais vous chanter une hymne de bénédiction à ce sujet :

CARNAVAL

Le Carnaval s'est fait plus grand
Pour durer tout le long de l'an.
   Achetez le Carême.
Nous le payer, c'est bien vendu,
Le Carême n'existe plus ;
C'est réduit en matière ;
A été fourrer ses écus
Au denier de Saint-Pierre.

Vous connaissez M. Pascal,
Ce grand ami à Carnaval ;
Pour faire la bonne chère
Nous dit que ça lui est égal,
Qu'on fasse gras ou maigre,
Mangez maigre, mangeons le gras ;
Chacun fasse comme il pourra ;
Tout est bon pour qui l'aime :
Personne en plus se damnera ;
   Il n'y a plus de Carême.

Depuis que Carême est vendu,
Rameau pleure comme un perdu,
   En dépit du Carême,
Et Pascal rit comme un bossu.

Fonctionnant tout de même,
On fait payer la confession,
Chacun achète son pardon ;
En se payant des messes,
On peut avoir l'absolution
Sans aller en confesse.
La religion fait des progrès,
Dites-en ce que vous voudrez,
Mais non pas le contraire.
C'est toujours dans les intérêts
Du denier de saint Pierre.

On va marier Rameau pour sa consolation avec Marie Lacoq. Je vous continue le cantique.

Carême s'est fait un trésor,
Nous est bien plus vivant que mort.
Ce n'est pas un mystère,
Il y a de l'argent et de l'or.
Au denier de saint Pierre
Ça va de plus fort en plus beau.

Il y a encor monsieur Rameau,
   Né de la même époque,
Il fera manger des gâteaux
      A Marie Lacoq.
De ce qu'elle pourra envier,
Lui engraissera le gosier.
Elle aura bonne bouche,
Protégera nos affligés
Et les femmes en couche.
La Geneviève de Brabant
Promet neuf mois pour un enfant,
Tout juste cinq neuvaines.
On doit la payer en argent,
Sans compter les étrennes.
Depuis que Carême est vendu,
Son commerce ne marche plus.
   Allons, Marie Lacoq,
Rameau fera le commerçant
Et au besoin le charlatan.
Sanctifier la prière,
Nous faut rapporter de l'argent
Au denier de saint Pierre.

Mais Rameau ne veut pas de ça; il veut se marier, mais ne veut pas de Marie Lacoq. Il réclame son dû pour avoir servi la religion. Il se retire. Carême s'est fait un trésor, et lui veut se faire un mariage; si on lui refuse, il va intenter un procès. Il est bien décidé que Pascal se retire avec son ami Carnaval. Le char n'aura plus de rouage, il ne pourra que se traîner, mais pas longtemps; il va être démoli comme la butte des Moulins, reconstruit immédiatement sur notre plan. En attendant, tout reste à la charge du pauvre limonier Noël. Je peux vous dire de bonne part que Rameau a l'intention de demander la main en mariage à la République française. Il offre tous ses lauriers à la France pour son mariage.

Ces beaux lauriers, que le bon Dieu le veuille, qu'ils puissent terminer son procès.

Pour que chacun puisse y cueillir sa feuille,
Se décorer du bonheur des Français.
Allons enfants, vivons en espérance,
Le temps passé ne doit pas s'oublier.
Nous cueillerons le bonheur de la France
A bas la croix. « Vive le laurier! »

NAPOLÉON Ier A LA BESOGNE

Accordons-nous et brisons cette chaîne
Qui tend le piége à tout le genre humain,
Nous aliène l'esprit et nous entraîne
De notre accord on nous casse les liens.
Les temps passés nous avons eu la guerre,
Le plus souvent causée par le clergé.
Révolutions, massacres populaires,
Dans tous les temps nous ont fait égorger.
Envers là fin de ce précédent siècle,
Ces peuples-là subirent le fléau
Ce fut alors que je plaçai mon aigle
A voltiger sur l'immortel drapeau.
J'étais pour eux avec le privilége,
Je dominai tout comme le clergé.
J'en fus puni, je tombai dans son piége,
Je me trouvai la proie de l'étranger.

On me saisit, il fallut me soumettre
A mon dépit on me fit le transport,
Répudier avec haine des prêtres,
En attendant le secours de la mort.
A l'infini, la mort me fit soumettre
Si mon humeur se trouve bien logée
Pour l'innocent né coupable de naître
Tout comme moi sa mort sera vengée.

LE VENGEUR

Le dernier jour de l'an, à ma naissance,
Du grand héros j'ai respiré l'humeur
Tout comme moi croissant dans l'espérance,
Dès aujourd'hui veut naître de mon cœur.
Tremblez, ingrats, cette humeur si sévère
Qu'on a connue d'un homme sans égal
Sera vengé, sera, comme j'espère,
Qu'on vous rendra tout du bien pour le mal,
On va construire, faire des lois nouvelles,
Des matériaux j'en fournirai ma part ;
De plus encore instruire les rebelles,
Leur réciter le rêve du renard.
Je leur dirai : Priez pour la sagesse,
Je suis vengeur du grand Napoléon.
Vous avez trop usé de ma faiblesse,
Soyez soumis aux grâces, aux pardons,
Je fus créé du moment déplorable
Entre la chute au retour des Bourbons.
Je fus créé, doué, le diable à quatre,
Tout pour venger le grand Napoléon.
Je vengerai ce héros de la France,
Je construirai ; mais il faut démolir
Pour obéir au jour de ma naissance.
J'ai tout, pour tout un devoir à remplir,
A démasquer le peuple de ce peuple
Qui digère le peuple en son entier,
Rome contient la masse de ce peuple
Qui ont perdu Napoléon Ier.
Napoléon III, successeur originaire,
A commencé d'y salir son épée
En dégaînant contre un droit populaire
A combattu contre sa destinée.

A ce penchant se joindra la clémence
En éboulant son vilain protégé,
Le remplacer par une humble alliance
Formant l'accord au pays étranger
En suppliant au peuple de la terre.
Pardonnez-moi, je retrousse l'erreur,
Rois et empereurs exaucez ma prière,
Démasquons-nous de ce peuple rongeur.
Baissons nos yeux pour ceux qui sont à plaindre,
Notre devoir est de les soutenir.
Par dessus nous, nous avons tout à craindre.
Jugeons-en quoi nous pouvons devenir
Car, ici-bas, la vie n'est qu'un passage.
Une épreuve pour tout le genre humain.
Toute la vie n'est qu'un pèlerinage.
Nous arrivons tous au même chemin,
Nous avons vu et parcouru la terre ;
Remarquons bien l'étendue de la mer.
Pour en juger, en voici la manière :
Démasquons-nous et regardons en l'air,
Apercevons ce brillant édifice
Là où règne le Grand-Père Eternel
S'est fait pour nous un palais de justice,
Nous y allons tous répondre à son appel.
Si nous avons empiété dans ce monde
Notre prochain pour prendre nos plaisirs
Que pourrons-nous, qu'aurons-nous à répondre
Après avoir fait autant de martyrs ?
Au jugement, pour la vie éternelle,
On nous dira : Vos plaisirs sont usés,
Vous avez fait votre vie trop belle,
A votre tour, vous êtes méprisés.

Voici les rois et empereurs qui se regardent en se disant :

Que disons-nous de ce peuple qui nous trompe,
Pour de l'argent nous offre le pardon ?
Démasquons-nous de la croix, cette pompe
Pompe l'argent qui glisse dans son tronc,
Brisons ce tronc, célébrons-en la fête,
Nos dépendants se donneront la main
Par devant nous le drapeau sera en tête,

Nous chanterons les lois du genre humain,
Nous chanterons les lois, les louanges,
La liberté, la bonne vie et mœurs.
Le peuple aura le respect en échange
Comme entre nous les rois et empereurs,
De ces faux Dieux le peuple s'en lasse,
De cette croix en on fait des abus.
Puis, Jésus-Christ ne veut plus la grimace,
Comme on lui fait depuis mille ans et plus...

Jésus-Christ et Napoléon 1er Bonaparte sont morts infiniment; Napoléon II, impunément mort; Napoléon III, absolument mort. Napoléon IV, c'est un être vivant. Si je disais ce qui est, je n'en serais pas cru, je n'en suis pas même absolument sûr; mais avec des précautions on peut lui confier le gouvernement de la République française.

LE RÉVEIL DE L'ITALIE

Eveille-toi, belle Italie,
Dedans ton berceau virginal,
De ton sommeil en léthargie,
Proteste pour ton original.
La France est avec l'Angleterre,
Comme la lune et le soleil,
Seront ton appui tutélaire,
Pour ton secours à ton réveil.

Refrain.

Éveille-toi, belle Italie.
Éveille-toi.

Ton sommeil n'est que magnétique,
Éveille-toi pour l'avenir.
Nos esprits sont en République,
C'est Dieu qui veut les réunir.
On aperçoit par cette étoile,
Qui éclaire tout l'univers,
Que le sophisme se dévoile,
Nous met son front à découvert.

Refrain.

Démasque-toi de cet obstacle,
Emplâtre qui masque les yeux.
Que ton esprit soit mémorable.
Eveille-toi au nom de Dieu.
Comme toi, la France sommeille,
Le sophiste élève sa voix.
L'Europe entière est tout oreille
   Belle Italie, éveille-toi.

Refrain.

Des cris plantifs se font entendre ;
Nos cœurs respirent la frayeur.
L'avenir promet te défendre.
Eveille-toi avec rigueur.
Si mon avis te sacrifie,
Nous n'y serons pas étranger.
J'entends déjà partout qu'on crie :
A bas le Pape et son clergé.

Refrain.

De tous côtés tu étincelles.
Ce peuple rongeur éminant,
On se plaint que tu nous recèles
L'origine de nos tyrans.
Tire au plus fort, brise la chaîne,
Chacun pliera son morceau.
Prends mors au dent, casse tes rênes,
Pour te présenter à l'assaut.

Refrain.

Nous sommes trois, nous serons quatre,
Le cinquième nous surviendra.
Nous trouverons, s'il faut se battre,
Tous les soldats qu'il nous faudra.
Revendique-toi par toi-même.
Nous assisterons au courroux.
On te prouvera que l'on t'aime,
Respirant tes parfums si doux.

Refrain.

CHANSON DE BADINGUET

Le nom renom de Badinguet
Le fit admettre en France.
Envoyé comme on le disait,
C'était la Providence.
Il s'appliqua des pieds, des mains.
Sous son caractère malin,
Il avait fort bien réussi, Biribi.
A la façon de Barbari, mon ami.

Une fois qu'il fut au pouvoir,
Il se mit à son aise,
Faisait voir blanc ce qui était noir ;
Fallait que tout nous plaise.
Il se choisi dans l'écaton,
Pour faire danser nos millions,
Accompagné de ses amis, Biribi.
A la façon de Barbari, mon ami.

L'empire se disait la paix,
Encore pour nous nuire.
Car ce nom-là on le connaît.
L'empire est toujours pire.
Nous faisait des tours de fripon,
La faridondaine, la faridondon.
Son protecteur l'aura puni, Biribi,
A la façon de Barbari, mon ami.

Faisant voir blanc ce qui était noir,
Se perdait notre estime,
Faisant des abus du pouvoir,
S'est plongé dans l'abîme.
Nous à tous mis dans l'embarras,
Le bon Dieu nous en sortira.
Nous a débarrassés de lui, Biribi.
A la façon de Barbari, mon ami.

Cette chanson, avec le *Reveil de l'Italie*, n'est ici
dans le recueil que pour parure ; nous n'avons pas si
loin à aller, nous n'avons qu'à nous occuper de notre

République, lui établir une bonne Constitution ; elle a un bon tempérament, il lui faut une belle toilette pour la présenter en mariage, coiffée à la République. Rameau lui-même aura le plaisir de couronner cette belle tête avec la plus belle fleur, jointe à la plus jolie branche de ses lauriers ; ce mariage sera le contentement et le repos de tout le monde. On saura que la République est légitimement française ; la France était enceinte, il fallait qu'elle accouchât ; on lui a toujours reproché les convulsions maternelles de sa naissance. C'est naturel, on sauva la mère et l'enfant, ce fut le principal ; on fit disparaître l'enfant, mais il était bien portant, on en eut des nouvelles en 1830 et en 1848 ; elle était rentrée dans ses droits, Bonaparte arriva et s'assit dessus, il la cacha sous son siége, mais, à la première occasion qu'il leva son séant, elle se releva. Ses braves défenseurs en ont été victimes, mais on l'a sauvée tout de même, elle est dans de bonnes dispositions, sa minorité se fortifie, c'est la belle occasion de lui rendre ses droits, de la rendre majeure par le mariage ; en outre de cette occasion, sa majorité centenaire arrivera : qui vivra verra. Tâchez de me comprendre, moi, je ne me comprends plus.

Paris, le 24 octobre 1878.

A Monsieur le maréchal de Mac-Mahon, président de la République française.

Monsieur le Maréchal,

Je me crois dans les sentiments de vos désirs. Si vous désirez que Bonaparte rentre en France, vous avez raison. On entendait dire que vous vouliez le faire rentrer forcément, je le craignais ; vous devez connaître l'histoire de son père, lorsqu'il voulût venir forcément ; il secoua l'arbre, mais il n'en put cueillir que du mauvais fruit, parce qu'il n'était pas mûr ; son fils est de même, il viendra si vous voulez le faire venir, sans employer votre force ; il a le droit venir, il y est même obligé.

Je vous envoie un exemplaire de seize pages : la *Mécanique mystérieuse:* prenez-en connaissance avec beaucoup d'attention. Après avoir épluché, passé, repassé, étudié les chapelets, je suis arrivé à bout de ne plus me comprendre; j'ai enlevé les chapelets et j'y ai passé la chaîne du pape avec laquelle il entortille les rois et les empereurs pour les faire croquer ensemble. Je vous préviens de vous en méfier, il entortille les présidents aussi; prévenez-en votre dame : si elle venait à être entourtillée, on pourrait vous entraîner avec, c'est bien dangereux. Voici le sujet de la chaîne du pape : la République est née de la France ; dans sa minorité, elle fut confiée sous tutelle à Napoléon Ier, Bonaparte, en lui donnant la force de la soutenir, mais, lorsqu'il fut entortillé dans la chaîne du pape, la chaîne se rétablit en France, et lui ne fut pas plus délicat que les autres, il fit disparaître le mineur pour s'emparer de tous ses droits, et, quelque temps après, on lui entortilla quelques-uns de ses ministres, quelques-uns de ses généraux pour le lâcher à lui, et il fut lâché comme un lavement, sous le nom d'usurpateur et accompagné de la Sainte-Alliance. Qui est-ce qui a brisé cette Alliance? c'est la République française en 1848; qui est-ce qui réclame encore la famille Bonaparte aujourd'hui? c'est la République française. La République réclame à la famille Bonaparte tous ses droits avec ses titres de naissances, parce qu'elle trouve à se marier. Il y a vingt ans que je m'en occupe, je suis né pour cela, si voulez vous en occuper comme moi, le mariage se fera. Bonaparte viendra pour se régler avec la République, et si vous voulez lui céder votre place, ce sera le moment; il sera admis élu à vie.

Je quitte la lettre pour vous demander réponse de la disposition de vos volontés; faites-les-moi savoir, je vous donnerai connaissance de la suite de la lettre. Par cette occasion, je vous prie de me faire avoir la pension de l'hôpital des Quinze-Vingts, vous me rendrez bien service; il y a trois ans qu'on me l'a promise, je l'ai demandée le 1er octobre 1874.

Je vous salue d'une parfaite considération.

DULUC, JEAN.
rue Berthollet, 26.

La République est en faveur de tout le monde, de ceux qui la repoussent comme de ceux qui la désirent; elle est de grande préférence à un roi. La République, c'est la nature, c'est la prospérité; un roi, c'est un grand consommateur à la charge d'un peuple, et parfois bien lourd. On ne voit pas se soulever un peuple volontairement, sacrifier sa vie contre la République, comme on le voit pour se débarrasser d'un roi. Je ne connais pas le plaisir de la haute société à se rendre suspecte, à tenir un peuple sans défense, à l'étouffer sous le poids d'un roi, à le gruger par des impôts pour l'entretenir, payer du monde pour le garder toujours dans le danger et contre son peuple. D'après le plaisir, où est l'honneur? où est la justice? où est l'humanité?

Je ne vois pas que la haute société, première classe du monde, soit bien honorablement distinguée par le système royal; il n'y a pas de religion ni de délicatesse. Dans la République, on trouve ceci : 1° nous sommes distingués par la nature, tous différents les uns des autres, celui qui a la chance doit pouvoir en profiter; on peut acquérir de belles richesses honorablement par la chance et le travail, quand on peut bien se retourner. Tous les principes de la République sont libres; il n'y a pas de liberté qui permette le mal; la raison le défend, et la raison commande de combattre tout ce qui est nuisible. Il ne faut pas croire que la République veuille retirer le pouvoir d'entre les mains de la haute société pour le donner à la basse classe; non! Elle veut un gouvernement pour gérer son peuple, de bon monde bien choisi à sa manière, payé comme de juste; mais il ne faut pas de Sénat, cela n'est pas dans son système. Elle veut un contre-gouvernement pour gérer ses églises, le Sénat arrête les affaires, même de celui qui aurait envie de bien faire. Le contre-gouvernement n'arrêtera rien, laissera marcher tout ce qui marchera bien, et sera comparablement à un cocher sur le siége de sa voiture, les rênes d'une main, le fouet de l'autre. Si le cheval va bien, marche; s'il détourne mal, de quel côté que ce soit, le cocher le redresse. Le contre-gouvernement sera tout pareil en gérant ses églises, il verra marcher le gouvernement, dressera ce qui marchera mal, fonctionnera à découvert, exerçant la foi en religion d'humanité et non de dévotion ; chacun priera Dieu chez lui, on ira aux églises pour s'y réjouir ; en général, contempler les louanges de la Providence de Dieu et de la République, écouter silencieusement les belles paroles qui se diront, célébrer les fêtes annuelles et autres, belles et brillantes. Si j'en donnais le détail, veus en jugeriez la grande préférence. La religion catholique est artificielle ; en dessous, c'est un gouvernement qui fonctionne la trahison, c'est le premier gouvernement qui a existé de ce monde. Je vais vous en donner connaissance par la chaîne et le chapelet.

LA CHAINE ET LE CHAPELET

Ce sont deux branches qui proviennent de la ligue des intrigants, une grande ligue comme on pourrait dire une grande bande d'une centaine d'années de long à partir de quelque temps avant Jésus-Christ jusqu'au déluge ; mais je vous préviens que le déluge n'a jamais existé. On mit le déluge pour cacher le tableau du massacre universel qui eut lieu. A la fin du désastre, toute la ligue fut baptisée par le diable ; il se présenta et leur dit : « Vous avez plus de pouvoir que moi, je vous baptise de toute ma force ; vous avez le courage pour enterrer les morts et les vivants d'une main sans cœur, et l'autre sans pitié. »
Le diable disparut en leur disant au revoir, et la ligue se partagea en deux branches, le clergé et la dynastie. Ils se partagèrent le peu de peuple qu'ils avaient ménagé et ceux qui leur restaient de ceux qui leur avaient servi pour tuer les autres, et se dispersèrent sur toute la terre, deux dans chaque pays, un seigneur et un curé. Le seigneur se tenait à distance, gardé par ceux qu'il s'était choisis et des gros chiens-lions qu'il avait pour sa garde ; il était le propriétaire de tout le pays, et le curé n'avait rien, ils vivaient dans le peuple, commençant à cultiver le peu de peuple qu'ils avaient, qui fut bien plus malheureux que ceux qui avaient péri, par l'humiliation, la soumission et la discipline ; il fallait obéir à tous les ordres de

l'Eglise et au pénible travail, et ne pas parler de ce qui s'était passé. Ceux qui se trouvaient en défaut, le seigneur les faisait appeler et passer à la discipline : c'était la bastonnade et la flagellation. Ces pauvres malheureux, venant de passer à la discipline, allaient se plaindre au curé, sans savoir que c'était lui qui les y avait envoyés. En récidive plus d'une fois, par dessous mains, le curé les faisait appeler par le seigneur; on ne les revoyait plus, c'était l'enterrement des vivants, aux oubliettes. Le curé était un bonhomme inconnu différemment, et le seigneur avait toute la responsabilité, mais se faisait bien garder; c'était le curé qui faisait marcher tout. Les petits devenaient grands, il en venait de nouveaux; on parvint à faire des mariages. L'Eglise faisait les mariages, le seigneur prenait le premier droit sur la mariée et donnait aux conjoints une grande propriété à se faire valoir dans le pays. De l'un à l'autre, avec du temps, le pays parvint à être peuplé de ces mariages, chacun sa part; c'est de là d'où vient le nom de paroisse. De ces mariages surviennent des enfants; n'importe le nombre, c'était l'aîné qui était l'héritier de tous. On mit un curé qu'on trouvait dans le peuple dans chaque paroisse, et l'héritier fut un petit seigneur, et le grand seigneur fut le roi de tout le pays, et dans tous les pays c'était la même chose.

Il y eut un pape qui fut le chef de toute la clique cléricale; il avait à lui le chapelet et tenait le bout de la chaîne de la dynastie royale. Par ce moyen, c'était le pape qui faisait tout marcher. Lorsqu'il y avait un roi qui ne lui convenait pas, pour ne pas lui obéir, s'il ne pouvait pas le faire empoisonner ou assassiner, d'autres rois lui déclaraient la guerre; il était détrôné. Le roi dépossédé de son royaume pouvait aller se confesser, se plaindre au pape; il avait la consolation à ne pas s'apercevoir que c'était lui qui l'avait fait détrôner. Le roi qui voulait conserver son royaume avait à lui obéir, et par ses avis arrivait à faire sottise à son peuple; il n'y avait jamais que lui en responsabilité. S'il était chagriné par son peuple, d'autres puissances allaient lui porter secours par les ordres du pape, qui ne paraissait jamais en rien.

Aujourd'hui, le temps a bien changé ; la plus grande partie des puissances catholiques sont bien fatiguées de ces gens-là ; le temps retourne ; les rois qui voudront conserver leur royaume, c'est de se débarrasser de ce peuple-là, qui est à sa dernière période. Il n'y a pas bien des années que toute la clique s'est réunie à Rome pour constituer l'infaillibilité du pape ; c'est une erreur : il n'y a ni rois ni empereurs infailllibles, ni la République non plus ; mais elle est immortelle et reviendra toujours.

Ce n'est pas la peine de la repousser ; la République, en France, elle est chez elle. Vive la République ! par sa grande préférence.

J. DULUC,

26, rue Berthollet

Paris. — Imp. Nouv. (assoc. ouv.), 14, r. des Jeûneurs. — G. Masquin, dir.

LA MANIVELLE

(SUITE)

La République a sa religion et son gouvernement complet : baptême communion, confirmation. Le baptême, c'est l'enregistrement de la naissance de l'enfant, c'est un devoir que nous devons à un être qui vient sur la terre ; c'est une fête de famille, on le porte à l'église, on lui dit : « Enfant de Dieu, du ciel et de la terre, de la part que tu viens, tu es le bienvenu ; on te baptise, Jean ou Jeanne, au nom du père et de la mère, en présence d'un parrain et d'une marraine ici présents, qui sont témoins et responsables de ton existence ; tu grandiras de corps et d'esprit, on te renouvellera ce qu'on te dit, suivant le sentier de la vie dans la voie de la vérité. » Le membre de la religion de la République, après avoir baptisé l'enfant, recommandera au parrain et à la marraine de surveiller l'entretien et l'instruction de l'enfant, et recommandera aux père et mère d'élever l'enfant par de bons exemples. Le baptême se retire, on célèbre une fête en famille, à volonté, et lorsqu'on présentera l'enfant à l'école, l'instituteur leur dira : « Je me charge de l'instruction de votre enfant et d'une part de sa conduite, et vous le reste par de bons exemples. » Lorsqu'il a l'âge qu'on peut le sacrifier à un petit travail ou en apprentissage, c'est la communion, renouvellement des vœux du baptême ; c'est une fête paroissiale. Tous les enfants nés dans la même année, un jour de fête ou de dimanche, se rendent à l'église accompagnés de leurs parents ; on les prévient qu'ils arrivent en face du pain sacré, qu'on n'a pas le droit d'y toucher ; dorénavant, il faut le gagner pour en avoir, soit par délicatesse ou pour le ménagement des parents ; le pasteur tire de sa connaissance tout ce qu'il veut leur dire à ce sujet.

La confirmation, c'est encore une fête paroissiale. Tous les enfants nés dans la même année se rendent à l'église, accompagnés de leurs parents ; le pasteur tire de sa connaissance tout ce qu'il a à leur dire, il les prévient de leur majorité : « Vous n'avez ni parents, ni parrain, ni marraine qui puissent répondre pour vous ; vous êtes absolument émancipés, responsables de vos actions devant la justice de Dieu et des hommes, etc. Vous partez dans le sentier de la vie, suivez votre carrière, marchez honorablement devant vous sous les commandements de la providence de Dieu et de la République universelle.

Dans le système de la religion catholique, on ne peut pas connaître le sujet pourquoi l'on baptise, l'on communie et l'on confirme, parce que c'est incompréhensible. Vive le système de la République !

FÊTES ANNUELLES

Carnaval cessera de faire ses farces le dernier jour de l'année, on sera en vacances jusqu'au lendemain. Le premier de l'an, il recommencera ses extravagances, accompagné de son ami Pascal. On chantera ces avis :

Les avis de monsieur Pascal
Aux dames qui iront au bal,
De bien cacher leurs poches ;
Vous faut méfier de Carnaval
Quand il est en baloches,
Il pourrait fort bien les voler :
Ouvre les portes et volets.
A forcer la charnière.
Carnaval a des fausses clefs
Qui vont au secrétaire ;
Va jusque chez les grands seigneurs,
Seraient même des empereurs.
Puis dans plusieurs ménages
Il est tout pire que voleur,
Fait beaucoup de ravages :
Un voleur vous vole l'argent ;
Carnaval vous porte un enfant :
Voyez la différence.
Saint Joseph s'y trouve présent,
Pétrifié du silence.

Carnaval est un furibond
Qui veut toujours avoir raison
En récit des commères.
Ah! le joli petit garçon
Qui ressemble à son père,
En s'adressant à son ami;
Voilà un petit Jésus-Christ
Du Denier de Saint-Pierre.
Pour contenter notre appétit :
Vive la bonne chère!
Carnaval est un carnassier
A qui l'on ne doit pas se fier :
Il en grille, il embroche;
Il est si fort sur ce gibier,
Qu'on ne peut pas l'en rassasier.
Dames, garez vos poches!

On lui célébrera sa fête vers la fin de février; il cessera ses extravagances, mais continuera ses farces. Il y aura deux jours de fêtes annuelles en l'honneur de Rameaux et de la République française. Vers le commencement de floréal, dans le mois de juin, il y aura deux jours de fêtes annuelles entre le jour le plus long et la nuit la plus courte en l'honneur de la Providence de Dieu et de la République générale universelle. Vers la fin d'octobre, ce sera la fête de M. Pascal, en l'honneur des enfants trouvés. Ce jour-là sera fait un versement volontaire par ceux qui voudront assister les petits enfants de Carnaval. En novembre, la fête à Noël en l'honneur des charbonniers, parce que Noël attend d'être délivré du char de la religion catholique pour se mettre charbonnier en gros, promet d'en faire la fourniture pas cher.

En frimaire, deux jours de fêtes annuelles entre la nuit la plus longue et le jour le plus court en l'honneur de la République générale universelle et de la Providence de Dieu. Dans les intervalles du courant de l'année, on placera les autres fêtes à volonté. La République française a adopté de jeter ces personnages comme provenant du premier monde; ayant pu s'échapper du désastre ils se sont dévoués forcément à servir la religion catholique, mais ne voulant pas entrer dans la sainteté, sont toujours restés fidèles à sa consigne. Toutes les sottises qu'ils ont vu faire, ils n'en ont jamais rien dit; mais le plus sensible est de leur avoir vendu Carême.Les professeurs de la religion catholique, en vendant Carême, ont vendu toute la religion et se sont vendus eux-mêmes. Il n'y a plus qu'à les livrer, mais à qui? A son grand parrain. Ça n'est pas bien facile. Sans leur faire du mal, nous n'avons qu'à les mettre de côté, et il viendra les chercher : nous aurons nos églises débarrassées et nous les occuperons avec plus de conséquence.

Dans le système royal et catholique, il y a une distinction de peuple; la noblesse, dans le système de la République, on peut la renouveler par une distinction de peuple bien soutenue et respectée. Le gouvernement de la République doit être constitutionnel. Constitution particulière et constitution générale, tous les serviteurs sans exception du gouvernement doivent être élus à vie et succéder même. La succession ne sera pas obligatoire, mais on y appuiera beaucoup; ils seront choisis par le système républicain. Je m'arrête ici. Je vous fournirai la formule du gouvernement comme je vous détermine la religion. Je vous le promets, je m'engage ensuite: c'est mon devoir.

Si j'étais né que pour manger et boire,
J'irais pleurer dans un confessionnal ;
Mais je suis né d'une bonne mémoire
Pour vous chanter le manteau impérial.
Sous ce fardeau, ici gît un mystère :
J'y ai puisé, il m'a été confié ;
J'y ai trouvé de quoi vous satisfaire
Du récit de Napoléon premier.
Cette faveur jamais ne s'accorde
Que rarement, que par un grand besoin,
Lorsqu'il s'agit de mettre le bon ordre
Pour établir la paix du genre humain,
Pour établir la paix et la sagesse,
Electriser les esprits, les calmer.
Puisque le temps alloue à la noblesse
Un doux plaisir qu'a été consommé,
Par un excès de sa magnificence
Illimitée propagea son erreur.

Tout fut usé, prononça la sentence,
Le préjugé rappela sa douleur.
On le sait bien sans que moi je leur dise :
Le temps passé en est un souvenir ;
Si dans le temps on gobait la sottise,
Encor pire ce temps peut revenir.

L'IGNORANT

Tout ignorant grave dans sa mémoire
Tous les objets affectés apparents,
Le rend ému et le force de croire
En voyant tous ces anciens monuments,
Tant de châteaux et de vieilles églises,
Tous ces objets éboulés dans les champs.
Il voudra bien supporter qu'on lui dise :
Remarquez tous ces anciens monuments,
Cela nous prouve de toute apparence
Que nous avons éprouvé dans le temps
Des grands malheurs par le trouble de France,
Par ce moyen serez-vous ignorants ?
L'ignorant dit, du temps de sa jeunesse,
Constituez les discours des vieillards ;
On lui disait, du temps de la noblesse,
Que les curés affectaient ces égards,
Persévéraient envers leurs avantages,
Participaient en tous nos revenus.
Nous, citoyens dans l'horrible esclavage
Ont persisté envers notre conclu,
Ont combattu dans toutes les campagnes.
Reconnaissant les auteurs du fléau,
Ont repoussé tous ces peuples en Espagne
Par leur exil éloignait son tombeau,
De ce coup-là, en l'honneur nous rappelle ;
Persiste encore avec le drapeau blanc.
Nous, citoyens, de la Charte rebelle,
Nous déboutons Charles X à l'instant,
Philippe Ier succéda de France,
Civilisé, tout fait pour nos amours,
Nous a laissés, pour notre récompense,
S'en est allé, nous a joué le tour.
Pouvons-nous, tous les amis de la France,

Nous résigner pour tenir à un roi?
Non! c'est assez prouvé par l'expérience,
Le temps passé nous dit : A bas les rois!
Pour le moment voici la République.
Tous, égarés par divers sentiments.
Le temps passé annonce un temps critique,
Où irons-nous, dans cet affreux élan?
Prions le ciel qu'il nous donne le charme,
Obéissons à un digne devoir.
Les grands malheurs sont le fruit de nos armes,
Soyons émus et vivons en espoir.

L'espérance, c'est la justice; dans quelle circonstance que l'on se trouve, on a toujours recours à la justice, si les hommes la refusent soyons justes, Dieu nous la rendra; la vérité se cache et ne se perd pas. Je vais vous en donner mon exemple :

En 1855, j'ai eu recours à la justice, on ne me l'a pas rendue, je me la suis rendue moi-même. Je suis tombé à la requête du procureur impérial pour être condamné à un an de prison. La vérité se présente : je fus condamné à cinq jours de prison; mon adversaire s'est trouvé contrarié, et moi, non content d'être le premier de la famille pour entrer en prison deux ans après; je me trouvai dans un grand embarras pour avoir recours à ces gens-là; je fus accueilli à six jours de prison pour avoir battu ma femme; ma défense fut de demander une séparation. J'habitais à une distance de trois quarts d'heure de la ville; j'étais toujours en route, après le commissaire de police c'était le juge de paix. Je fus chez M. le curé, il me dit que cela ne le regardait pas, mais il me promit d'en parler à M. le juge de paix. Tout ce qui était fragile, dans ma maison, était cassé : après les vitres, c'était la croisée, puis les portes. J'avais envoyé une personne chez M. le commissaire de police pour lui rendre compte de ma position; c'étaient des précautions que je prenais pour arriver à sa confusion. Ces messieurs étaient bien tranquilles au moment où j'étais dans le trouble, venant de recevoir un coup de bâton. Je la prends, je la garrotte des pieds et des mains, je la charge sur la brouette et me voilà parti; j'arrive jusque sur la place, je quitte tout. Je fus chez M. le curé, et le commissaire de police vient m'y joindre, se plaignant à M. le curé que je venais de leur faire un grand scandale ; on me mit en prison.

Deux jours après, on me fit partir, par la correspondance, au chef-lieu de l'arrondissement de Nérac ; le lendemain, je fus appelé, je me trouvai en face d'un monsieur que je ne connaissais pas, il m'entretint un moment de conversation au sujet de mes embarras ; il se retira. Le lendemain, on me présente à l'audience, on ne voulut pas faire lecture du procès-verbal, disant qu'il était trop long.

J'en avais le regret, parce que ça m'aurait donné de la matière pour me défendre. Le procureur impérial prit la parole en disant : Nous croyions qu'il était fou, je l'ai fait parler avec le médecin, il m'a dit qu'il n'était pas fou.

C'est alors que je pus comprendre que c'était le monsieur qui était venu m'interroger ; je fus jugé à deux mois de prison.

J'écrivis une lettre pour appeler de mon jugement ; le juge d'instruction se présenta avec le greffier, me disant de ne pas rappeler, que le procureur impérial me faisait dire qu'il me séparerait, qu'il ne m'en coûterait rien, ni à moi, ni à ma femme ; moi, j'ai répondu que je voulais en rappeler, pour leur prouver qu'ils avaient plus de torts que moi ; ils se retirèrent en se disant : Il y réfléchira. Le procureur impérial vint lui-même, et me dit que s'il était l'empereur il me grâcierait, mais qu'en sortant d'ici je serais séparé, qu'il ne m'en coûterait rien. Je lui ait dit que je voulais rappeler, que s'il ne me connaissait pas, je me ferais connaître.

Je passai mes deux mois et les six jours de l'autre jugement. Une fois libre, je fus au chef-lieu pour me plaindre. Le procureur général me dit : Si vous pouvez me prouver ce que vous me dites, je destituerai le greffier. J'ai répondu que le greffier était un honnête homme. J'avais la preuve écrite de ce qui s'était passé, et signée de deux détenus avec moi. Pour faire de la peine à une honnête personne, j'ai gardé mon papier dans ma poche. Je me suis mis en mesure pour partir pour Paris, aller me plaindre. Je prends mon enfant, me voilà parti à la garde de Dieu.

J'entends par là que l'on proclame
De ce pauvre mal marié;
C'est pour avoir porté ma femme
Un jour chez monsieur le curé.
Je me l'ai saisie sans toilette,
Couverte de tous ses cheveux,
Je l'ai mise sur la brouette,
Pour la porter à ces messieurs.

Ah! ah! la belle histoire,
La croira qui voudra.
Vous pouvez bien la croire,
Car la chanson ne ment pas (*bis*).

Mais en arrivant à la ville
Tout le monde s'est soulevé.
Je ne sais pas combien de mille
Étaient là pour me regarder.
Ça me ressemblait une fête
De tout ce peuple soulevé,
Et moi j'avais dans ma brouette
Ma femme toute décoiffée.

Ah ! ah.! etc.

Je l'ai quittée là, sur la place,
Je fus chez monsieur le curé.
Que faut-il, monsieur, que j'en fasse?
M'a donc fallu vous l'apporter.
Vous étiez prévenu d'avance,
Je ne pouvais plus la garder.
Vous lui ferez des remontrances,
Vous ferez comme vous pourrez.

Ah ! ah! etc.

Le commissaire tout en larmes
Vient dire à monsieur le curé :
Cet homme a apporté sa femme,
Ah! quel affront qu'il nous a fait.
Elle est là-bas, dans sa brouette;
Toute la ville est soulevée,
Ça ressemble à un jour de fête,
Quel scandale que ça nous fait.

Ah ! ah! etc.

Ah ! vous grands honteux que vous êtes,
Complices de l'adversité,
Vous n'attendiez pas la brouette
Qui viendrait vous l'apporter.
Vous l'avez là-bas sur la place,
C'est là où je l'ai exposée.
Mais, pour moi, je m'en débarrasse,
Gardez-la, vous, si vous voulez.

Ah ! ah ! etc.

Sera un exemple à la ville
Et pour vous autres une leçon :
Vous saurez qu'il est bien facile
De prendre l'homme à l'hameçon ;
Et moi, je suis en espérance
D'être le vainqueur du procès ;
Je vais me proclamer, en France,
Grand raccommodeur de Français.

Ah ! ah ! etc.

J'arrive à Paris, ça se trouvait les derniers jours du mois de décembre. Une fois fixé dans mon logement, rue de Bercy-Saint-Antoine, 32, je lançai une lettre pour avoir une audience de l'empereur, et je m'occupai de consulter pour mes yeux. Il m'arriva la réponse d'exposer mes motifs par écrit, qu'on les repasseraient avec attention. Je fis un paquet de mes papiers, certificats de tout ce que j'avais ; ça resta sans réponse. Je me doutais bien que la correspondance du procureur impérial de chez nous y serait pour quelque chose. J'employai tous les moyens pour arriver à l'empereur ; je n'avais pas tardé beaucoup, en arrivant à Paris, d'enterrer mon enfant au Père-Lachaise. Je reconnaissais n'avoir plus rien à perdre, j'écris une lettre au préfet de police et il me vient à l'idée de me faire arrêter volontairement ; je m'étais exposé à me faire juger à huit jours de prison, qui m'auraient suffi pour matière, mais je craignais que mon délit ne me suffît pas pour être jugé. Je fus condamné à trois mois de prison et mis à la disposition du préfet de police. Je trouvai que j'avais de la chance, que j'avais bien réussi ; quand on est protégé, on arrive à tout ; avec la protection du procureur impérial de chez nous, ça me donnait du courage ; je rappelai à la cour impériale, mon jugement fut confirmé ; j'avais fait ma prévention aux Madelonnettes et j'allai faire mes trois mois à Sainte-Pélagie. Pour me distraire, je m'adressai à M. le préfet de police.

M. le préfet, je viens vous renouveler la mémoire de cette lettre, datée vers le 15 mai, que j'ai portée moi-même dans votre cabinet, laquelle ne m'a valu aucune réponse de rien ; je me suis douté qu'il vous fallait des chansons.

Elle suit ! !

Je suis le nommé Jean Duluc,
Je me déclare en expérience,
Je suis fortement résolu
D'être le soutien de la France.

Refrain.

La pure vérité
De mes pièces, je les rapièce,
Je veux me dépiécer
Pour raccommoder les Français.

Je veux établir mon renom
D'une parfaite compétence.
Sachez que je suis un Gascon,
L'ami du peuple de la France.

La pure vérité, etc., etc.

Je suis l'ennemi des voleurs,
Le grand ami de la justice,
Je raccommode les menteurs
Et beaucoup de ces mauvais vices.

La pure verité, etc., etc.

Grand ami de la religion
Et l'ennemi des hypocrites,
Pour soutenir Napoléon,
Successeur de la République.

La pure vérité, etc., etc.

J'aime les rois, les empereurs,
J'aime aussi bien la République,
Dieu nous a donné l'empereur,
C'est notre Dieu, notre relique.

La pure vérité, etc., etc.

Considérez votre empereur,
S'il ne vous fait pas bon usage,
Moi qui suis bon raccommodeur
Donnez-le-moi en raccommodage.

La pure vérité, etc., etc.

Avec les cendres du premier
Je veux en réjouir la France,
Le deuxième raccommoder,
Vive notre empereur en France.

La pure vérité, etc., etc.

Monsieur, je vous prie de me faire tomber ce raccommodage en main, je ne connais que moi pour le raccommoder, et vous en trouverez beaucoup pour le gâter, et je vous donnerai de bons avis.

Quand on ne peut avoir ce que l'on aime,
Il faut bien aimer ce que l'on a ;
Savoir reconnaître en soi-même
Ce que Dieu donne est le vrai choix.
Vous savez ce que vous voulez,
Prenez garde avant d'entreprendre
Sans savoir ce que vous aurez :
Vous pourriez bien vous y méprendre.

Je vous salue.   DULUC, *à Sainte-Pélagie.*

Il m'a laissé sans réponse ; je lui en ai encore envoyé une autre, et toujours sans réponse. Le temps s'est écoulé. En attendant la disposition du préfet de police, j'ai fait un séjour à Saint-Denis. Je rentre à la préfecture, on me déclare que j'étais expulsé de Paris et de toutes les villes principales de France, et on me munit de la feuille et on m'emmène pour avoir mon

passe-port; on me le présente pour le signer, et je dis
que je ne voulais pas le faire. Il se retourne vers son
confrère : « Il ne veut pas signer! » Moi je leur dis :
« Je prends mon passe-port, mais je ne m'en irai pas. »
On me donne une feuille d'indemnité de route et on
me la reprend pour me donner trente sous. Moi qui
aurais préféré la feuille à l'argent, me voilà parti. Je
rentre à mon hôtel, j'écris sur mon passe-port que je
refusais de m'en aller, que j'avais à Paris des affaires
à terminer. Je le leur renvoie par la poste. Cinq ou
six jours après, on vient me chercher un soir à mon
hôtel. Je fus jugé à trois mois de prison, je faisais ma
prévention à Mazas. En rentrant dans ma cellule,
c'était tard, les légumes étaient servis, je mange mes
haricots froids, je tends mon lit et je me couche. Je ne
croyais pas m'endormir, je me réveille après avoir
dormi mon content, sans avoir réfléchi à rien en me
couchant. J'entendis sonner deux heures après minuit;
je récitai douze couplets de chansons que je venais de
composer sans aucune provision que le premier mot,
que j'avais lâché dans un soupir en rentrant le soir
dans ma cellule.

Adieu, ma citerne-cellule,
Où je dois mon injuste séjour.
C'est donc ici qu'il faudra que j'endure,
Pleurer, gémir la nuit comme le jour,
Pour y pâlir, attrister ma figure
Ou bien mourir le support des erreurs.
Non, non, me dit une voix qui murmure,
Ton Dieu est là pour la joie de ton cœur,
Puisque tu es un ami populaire,
Pour tout ton bien tu te feras haïr.
Défie-toi, la vérité sévère,
J'en suis été crucifié pour mourir;
Résigne-toi, il faut que tu l'endure
Puisque tu veux combattre pour l'honneur.
Ton Dieu viendra ouvrir ta serrure,
Par son secours tu seras le vainqueur,
De ton honneur sera la meilleure arme,
Sois le vainqueur, je serai ton soutien.
Ton cœur joyeux laisse couler tes larmes.

Consulte-toi près de ton souverain.
Etre contraint, c'est une triste vie ;
Ton souverain sera pour ton bonheur ;
Si tu es là, tu es sans jalousie,
Tu as un point que n'a pas l'empereur ;
Mais, pour jouir chacun à sa manière,
Te faut t'unir à qui tu appartiens.
Dans le dépit, tu vois que tu prospères ;
Consulte-toi avec ton souverain.
Quand tu serais au sommet des montagnes,
Que tu verrais le tout qui t'appartient
Et posséder le royaume d'Espagne,
Une fois mort, rien plus ne t'appartient.
Je suis ton Dieu, je suis ton caractère,
C'est avec moi qui sera ton bonheur.
Près de ton fils tu reverra ton père,
Tu seras plus riche que l'empereur.
Pour ton bonheur, je vois que tu l'espères,
Voyant ton cœur respirer mon amour,
Tu veux servir l'empereur de la terre ;
Ton cœur joyeux obtiendra notre amour.
Sur le chemin de la vie éternelle,
Ton souverain a tracé tous tes pas.
Rappelle-toi que ta vie sera belle :
Tu seras mort qu'on parlera de toi.

Toute cette rime, pour moi, me paraissait tout extraordinaire. J'ai interjeté appel de mon jugement à la Cour impériale, qui eut lieu le 23 décembre. J'ai eu un bon moment, j'ai tenu une audience ; tous ceux qui s'y sont trouvés doivent s'en rappeler. Je renouvelais la mémoire à M. le président d'une lettre qui fut lue à mon premier jugement, provenant du procureur impérial de Nérac, et à laquelle je n'avais pu répondre ; alors je lâchais mon boniment et je fus jugé à trois mois de prison. Je descendis au greffe pour rappeler en cassation :

— Monsieur, je me suis présenté ici à mon premier jugement, vous m'avez fait passer par côté ; mais cette fois-ci, sur toutes les formalités, à la concurrence de tout ce que je possède, je veux être présenté en cassation ; je veux savoir si on a le droit de me faire tout ce qu'on me fait ?

On me dit de demander ma grâce, qui me serait ac-
cordée, et se retournant du côté de son confrère :
— N'est-ce pas? lui dit-il.
— Oh! oui, moi je m'en charge.
— Je peux pas demander ma grâce, je ne me sens
coupable de rien! Je préfère me défendre!
Alors je fus transféré à Sainte-Pélagie, d'où il n'y
avait pas bien longtemps que j'étais sorti. Au bout
de vingt jours, on me fit descendre avec mes draps de
lit; je passe au greffe pour partir, nous étions plusieurs dans la salle d'attente. La voiture cellulaire
refusa de me prendre; on me ramena au greffe; on me
demanda mon prénom, domicile, profession; c'est bien
ça. Le lendemain, ce fut encore la même chose, la
voiture cellulaire prit les autres et refusa de me
prendre; on me ramena au greffe, on me demanda :
— A combien avez-vous été jugé?
— A trois mois de prison.
— Vous pouvez vous tromper.
— Non, monsieur, je ne me trompe pas.
— Vous auriez pu être jugé à un mois?
— Serait-ce un mois, je n'ai fait que vingt jours.
Je compris que le greffier était innocent de la chose.
Ma réflexion faite, je compris que j'étais libérable;
mais comme j'embarrassais tous ces messieurs dans
Paris, on voulait me prendre de nouveau avant de
me lâcher. Dans le courant de la journée on m'appelle; pour la troisième fois je passe au vestiaire; on
me prend dans une voiture de place, on me porte à la
préfecture de police. Deux ou trois jours après, le
14 janvier 1859, on me transporta à Bicêtre avec les
autres aliénés, et trois mois après, me voilà parti pour
Cadillac, par l'œuvre de M. Moreau, docteur des
aliénés.
Voilà comment les autorités de Paris se sont débarrassées de Jean Duluc, et voilà comment je me trouve
à la disposition des autorités du département de Lot-
et-Garonne, toujours sous la protection de M. le procureur impérial de Nérac. Cinq ans écoulés, j'y étais
encore.

Me voici de retour dans ce village,
Tout captivé près de mes ennemis;

Mais pour céder l'honneur et mon courage,
Je ne serai jamais qu'un insoumis.
Je suis la proie de tous mes adversaires,
Indépendant de ma captivité,
Je suis captif, c'est par un arbitraire,
L'ingrat sur moi prend cette autorité.
C'est la force qui fait la loi en France,
Depuis longtemps chacun fait à son tour.
Dorénavant sera la Providence
Qui de ces lois jugera ces beaux tours.
Peuple français, petit nombre de braves,
Toute ma vie se sacrifie pour vous.
Pauvres Francais, au grand nombre d'esclaves,
Par devant Dieu je rappelle pour tous,
A vous, mon Dieu, j'ai ma philosophie,
Bien compliqué, résigné pour mourir,
Pour un sujet qui attriste ma vie,
Je viens à vous, écoutez mes soupirs;
Montrez-nous donc, mon Dieu, votre puissance :
Retirez-moi, pour adorer le ciel,
D'entre l'ingrat, à votre confidence,
Tout près de vous je ferai mon appel.
Pour cet honneur que l'orgueil nous dévore,
Nous mettre en deuil contraint nos libertés.
L'honneur flétrit et la joie vous implore :
Venez, mon Dieu, tendre l'humanité.
En mon dépit le désordre prospère.
Moi, pour l'honneur, je suis la vérité,
Contre l'ingrat qui en est l'adversaire,
Envahit tout par sa prospérité.
La vérité nous devient interdite,
L'iniquité absorbe le bonheur.
Votre manteau, l'abri de l'hypocrite.
Punissez-moi si je trompe mon cœur.
A mon devoir que l'esprit me commande,
Je ne crains rien, soit pour vous obéir.
L'homme est puissant, votre bonté plus grande;
Le tout n'est rien, pour vous je veux mourir.

En attendant d'être mis en liberté, je saisissais tout
ce qui se présentait. Il me vient dans l'idée de composer une chanson, en successeur de Béranger.

Si Béranger a passé sa carrière
En nous chantant le plaisir et l'amour,
Il m'a laissé, du sein de sa bannière,
Un grand fardeau que je trouve bien lourd.
Il a chanté l'honneur de la patrie,
Nous a chanté notre immortel drapeau,
Nous a chanté tout le temps de sa vie,
Nous chante encor du fond de son tombeau.
Son souvenir nous laisse encore à dire,
Quand nous chantons ces aimables romans,
Dans son recueil on peut encore lire
Que Béranger secouait les tyrans.
Ces beaux recueils conservent sa mémoire,
De ces chansons formons tous un rempart.
Gardons-nous bien d'oublier son histoire.
Ajoutons-y le rêve du renard,
Etudions tous cette métamorphose
Miraculeuse à la combinaison ;
Prévenons-nous que le ciel nous propose.
Tout ce provient arrive à sa saison.
En France, on croit une guerre muette,
En vérité le renard l'a songé.
Se plaît à Dieu de reposer ma tête.
Sur les cendres du brave Béranger,
Je fus doué le jour de ma naissance.
Dans les tourments, j'ai passé cinquante ans.
Oui, mon destin m'appelle pour la France,
C'est mon instinct qui me rend compétent.
Craignons, Français, l'affreux qui se prépare.
Combattons tous pour ce triste avenir.
Si par malheur la guerre se déclare,
Du fin renard gardez le souvenir.

Je ne croyais pas, en 1860, prévenir cette guerre de convenance que nous avons vue dix ans après. En 1864, un secours m'arrive, un employé de la maison se présente en me disant qu'il me ferait sortir une lettre en cachette, au risque de se faire mettre à la porte. Il me donne du papier, j'écris une lettre au ministre de l'intérieur, qu'il me mît lui-même à la poste. Elle arriva à bon port. Dix jours après, le docteur me dit : « Soyez tranquille, vous aurez votre sortie. »

— « Qu'est-ce qui m'empêche, monsieur le docteur, d'être tranquille, vous ne pouvez pas me comparer à ces pauvres malheureux que vous avez ici qui sont poussés par le mal ; moi, je ne fais pas plus que je ne veux. » Il leva ses épaules et continua sa visite ; et j'ai reconnu que j'avais touché la bonne corde par la lettre que j'avais envoyée, et je ne sortais pas tout de même, mais je m'étais si bien expliqué, que ma sortie arrive par ordre du préfet de la Seine, le 4 décembre 1864. Ma sortie ne se présentant pas à l'origine sans doute que c'était par ordre du ministre, la protection du procureur impérial s'était brisée. Vous verrez plus tard qu'il m'a rendu de grands services en 1868. Pour le moment, me voilà donc rentré dans mon domicile sur les traces de ma pauvre malheureuse femme. Il y avait un an et demi qu'elle était renfermée à l'asile des aliénées, à Bordeaux, et je n'en savais rien ! Je lui écris une lettre. Le médecin me répond qu'elle n'avait rien compris dans ma lettre, qu'elle était atteinte, qu'on ne croyait pas même jamais la guérir, mais qu'elle se portait bien tout de même. Après avoir réglé mes affaires tant bien que mal, me voilà reparti pour Paris. Au mois de mai 1865, je rentre dans mon ancien hôtel, rue de Bercy-Saint-Antoine, 32, je n'avais pas encore lâché prise et je reprends mon entreprise plus fort que jamais. Je fis imprimer les soupirs que j'avais adressés spirituellement à Sa Majesté l'Empereur, le 18 janvier 1859.

SIRE !

En voulant faire mes progrès,
Triste chance pour ma conquête ;
Je suis saisi comme aliéné,
Réduit au dépôt de Bicêtre.
Mon esprit m'a pris le devant,
Mon honneur me reste derrière ;
Je ne me vois donc maintenant
Qu'une simple motte de terre.
Je suis réduit comme néant,
Ma vie n'est plus qu'une mémoire ;
Je renaîtrai avant longtemps,

Le triomphant de la victoire.
Couronné de l'ange du ciel,
Au secours de celui que je prie ;
J'irai à vos pieds faire appel,
Pour y renouveler ma vie.
Annoncez des divins soupirs
Que la France veut être heureuse ;
Additionnez les souvenirs,
Aux nouvelles miraculeuses.
Pour en faire la division,
A tout le peuple de la France ;
On saura que Napoléon,
Fut un don de la Providence.

Présentez votre main,
A ce vrai cœur d'amour ;
Qui veut, pour le certain,
Vous porter son secours.
C'est à votre faveur
Ce que je vous propose ;
Ah ! cueillez le bonheur,
Comme on cueille la rose.
Toute fidélité
Produira de mon cœur ;
En hiver comme été,
Vous cueillerez la fleur.

Air de : la *Normandie.*

(Quand l'hirondelle est de retour.)

Français, n'ayons point d'ignorance,
La Providence a fait un don,
A constitué pour la France
La famille Napoléon.
Nous avons de certaines preuves
Que Dieu nous annonce en ce jour ;
Oui, c'est par une de ces œuvres,
Napoléon est de retour.
Ce grand héros, maître des armes,
Qui voulait bien nous soutenir,
Mourut pour nous, versons des larmes,
Ayons pour lui quelques soupirs.

Nous avons les cendres en France
Nous ont produit un rejeton.
Vive la joie! vive la France!
Vive en chantant Napoléon!
Successeur de la République,
De ce moment inattendu,
Nous est prouvé, comme on l'explique,
Ceux qui nous l'ont pris l'ont rendu
Nous l'ont accueilli avec grâce,
Avec plus d'intérêt que d'amour.
Abreuvons-nous de sa disgrâce,
Parlons un peu de son retour, etc.

La saison des parties de chasse arrive; je me rends à Compiègne. J'étais logé dans un hôtel, devant l'église. Je lui écris une lettre; on me répond de suite de mettre en écrit ce que j'avais à lui dire. Je lui écris que c'était pour un échange de quelques paroles. J'avais des imprimés, j'en donne à tous ceux qui l'environnaient, jusqu'aux charbonniers, qui avaient le droit d'entrer dans le château, pour qu'il puisse lui en arriver un sous les yeux. J'allai dans le bois, où la partie de chasse devait avoir lieu, dans l'intention de le rencontrer. Un jour, derrière le château, passant la revue à ses chevaux, il y en eut un qui s'approcha; moi, je n'osai pas; mais n'y voyant pas clair, ne voulant pas faire de folie, je ne voulais pas me hasarder. La nuit, je fis un rêve que j'étais renard, mais gros renard J'avais une queue comme le panache d'un tambour. major. Je rôdais autour d'un grand volailler qui contenait toute la volaille royaliste. Je voyais l'aigle perché au milieu, mais qui n'avait pas l'air d'être bien à son aise. Il y avait de ces beaux coqs, avec un plumage de toutes les couleurs, une grande crête sur la tête élevée, avec un air bien réjoui, et moi, je rôdais toujours autour de l'établissement, jusqu'à monter dessus pour chercher à y pénétrer. L'eau m'en coulait de la bouche, ma barbe en faisait une éponge. L'aigle n'était pas seul, il y avait des corbeaux qui se portaient bien. Au moment où je voyais la réussite, que j'allais croquer là à mon plaisir, voilà que je m'éveille!!! avec mon esprit présent pour en composer

une chanson. Je ne vous fournis pas le commencement; je vais vous donner la suite pour ce snjet.

Mon esprit sain, ma vie hétérogène,
Interrompant ces gros loups de palais,
Me promenant sur les bords de la Seine,
En soupirant je m'ai tout rappelé.
Comme l'ingrat me fait l'oreille sourde,
Dans mon projet tout me donne à songer;
Ces gros patauds ont la patte bien lourdo,
Mais le renard, a le pied très léger.
En fin renard si j'ai fait la culbute,
M'ont si bien fait danser le rigodon,
Comme aussi bien en terminant sa lutte,
Vont se trouver la proie du gros lion.
Je leur dirai : A votre tour, paillasse,
Bravant la mort, je vous prends au hasard;
Vous m'avez fait ce qu'il faut qu'on vous fasse,
Vite au galop, vous êtes en retard.
Entendez-vous, le dernier coup de cloche
Vient de sonner; il faut que vous alliez
Me remplacer. Vite, que je m'approche
Pour dégager l'aigle du volailler,
La délivrer sous le manteau céleste,
A voltiger librement au loisir,
Moi, en fin renard, je me charge du reste;
Je ne suis pas facile à éblouir.

C'est alors que je suis reparti pour Paris. Il fallait
que je mé procure un moyen d'existence pour gagner
ma vie. Je me fis faire un orgue de Barbarie à
M. Rousseau, facteur d'orgues. J'avais bien réussi;
pour 300 fr. j'avais une jolie musique et je gagnais
ma vie, mais j'avais du mal.

Je ne pouvais aller que dans les cours, chez les ouvriers; chez les ouvriers, il n'y avait pas gras, et dans
les grands quartiers encore pire, on ne voulait pas me
laisser entrer dans les cours, toujours mon orgue sur
les bras ou sur mon dos. Je trouvais que ça n'allait
pas comme du temps de Jésus-Christ, on me laissait entrer plus facilement avec ma boîte en fer-blanc; si je
jouais devant les portes, j'étais renvoyé par la police,

mon orgue saisi. J'avais du train pour le retirer, en-suite j'étais saisi avec l'orgue, encore des embarras, je trouvais mon domicile à la préfecture. En 58, j'avais fait imprimer 2,000 exemplaires du récit de Napo-léon Ier, intitulé : *Vulgaire sur la marche du temps*; j'en avais déjà fait part à mes amis et principalement j'en avais donné aux agents, à la fin du mois de mai.

Je fus arrêté avant d'en avoir vendu. Je fus jugé à deux mois de prison, inculpé de mendiant, comme jouant sans permission. Ça n'était pas de ma faute, j'avais demandé la permission, la réponse arriva chez le commissaire de police; on me fit appeler et on me fit la lecture : « Le pétitionnaire n'est pas admis dans sa demande, attendu qu'il ne peut pas remplir les condi-tions. » Ça voulait dire qu'on donnait les permissions à condition qu'on puisse se rendre utile pour la police, et comme un aveugle n'est capable de rien, on me la refusa. C'était le 4 juin, cela me renouvela la mémoire du jour annuel, à dix ans d'intervalle, de mon premier jugement à Paris; ne s'étant pas prononcé autre chose, je ne fis pas de défense. Je ne savais pas que les affai-res avaient changé, que tous les condamnés pour men-dicité allaient au dépôt. Je fus à la prison de la Santé, je fus réclamé sans l'avoir demandé à personne, et de retour à la préfecture, je reçus une petite lettre disant qu'on n'avait pas pu me retirer, ni moi non plus, tout me fut inutile. J'étais porté pour y aller, il fallait que j'y aille, je n'ai pas été oublié, mes voisins se sont oc-cupés de moi jusqu'à obtenir ma liberté. Je fus trans-porté à la préfecture pour être mis en liberté, je fus prévenu d'ouvrir l'oreille; on va venir vous appeler. J'entends appeler Duluc (Emile), trente-trois ans.

Personne ne répondait, et moi qui étais là, je lui dis :

— On doit m'appeler; mais ça n'est pas mon nom. Je suis Duluc (Jean), cinquante-trois ans.

Il revint en me disant :

— Ce n'est pas vous qui venez de Saint-Denis?

— Si, monsieur.

— Pourquoi ne répondez-vous donc pas?

Et me posant la main sur l'épaule, il me tire, me pousse, et me faisant tourner comme une toupie, un bon coup de poing dans les reins me lance dans le cor, ridor; et le brutal disparaît. Je restai là, immobile, sans savoir où aller. Une personne, à la hauteur du premier me dit :

— Qu'est-ce que vous faites là?

— Vous avez bien vu ce qui vient de se passer? Je n'y vois pas clair! je ne sais pas où il faut aller.

— Marchez droit devant vous.

Je marche droit devant moi; je rentre à la porte d'où je venais d'être arraché. Le lendemain, on vient m'appeler par mon véritable nom. Accompagné de deux messieurs de la sûreté, je rentre à mon domicile, règle ma propriétaire, bien étonnée de me voir repartir.

D'après les moyens qu'ils avaient employés pour obtenir ma liberté, même la patronne, Mme Salvet, tenant hôtel et marchande de vins, voulait répondre pour moi. Tout fut inutile, il me fallut rentrer à la préfecture. Ça se connaissait bien que j'étais protégé.

Deux ou trois jours après, me voilà de retour à Saint-Denis. M. le directeur, me voyant arriver, me dit :

— Vous vous êtes donc fait arrêter encore?

— Monsieur le directeur, je n'ai pas été libre.

— Ce n'est pas possible. Vous êtes parti d'ici pour être mis en liberté. Je ne peux pas vous prendre sans vous enregistrer de nouveau. Ça vous compte pour deux fois.

Peu de temps après, je fus appelé. C'ésait M. de Forville fils, avocat, qu'on avait envoyé pour s'occuper de moi. Je lui racontai les affaires. Il me dit qu'il avait compris qu'il y avait quelque chose qui offrait des difficutés, et il fut obligé de m'abandonner. Ça me donnait à penser. J'eus recours à M. le prfet de la Seine.

Je me fis écrire une lettre adressée à M. le préfet de police que je mis dans la lettre à M. le préfet de la Seine, lui renouvelant la mémoire que c'était lui qui avait ordonné ma sortie de Cadillac de la Gironde, et dans mon embarras, ne me connaissant pas capable de faire parvenir ma lettre à la personne de M. le préfet de police, je m'adressais à M. le préfet de la Seine, en le priant pour mon secours. C'était M. Haussmann. J'avais déjà une personne qui m'avait promis de me faire sortir ma lettre en cachette. Tout ce qui fut dit fut fait. Ma lettre arriva à bon port.

M. le directeur me rencontrant dans la cour, me dit :

— On s'occupe de vous pour faire sortir.

— Ça se peut, Monsieur, merci.

Deux jours après ma rencontre, il voulut me rencontrer :

— C'est-il vous, me dit-on, qui avez écrit au préfet de police?

— Oui, Monsieur.

On ne tarda pas bien longtemps de me lâcher, muni d'une feuille en forme de passeport : mendiant délibéré.

Je fus rejoindre mon mobilier, qui était déménagé rue des Lyonnais, 17. Ça ne m'empêcha pas d'être réduit à rentrer dans mon ancien hôtel. Je ne tardai pas bien longtemps sans que mon ménage fût perdu pour moi. J'avais fait accorder mon orgue, j'avais recommencé de gagner mon pain. Je réfléhis que si ce n'était pas un jour, ça serait l'autre que je serais encore arrêté. Passant sur le pont d'Austerlitz, je lançai mon orgue dans la Seine, de préférence à y sauter moi-même plutôt que de retourner au dépôt de Saint-Denis, d'après avoir vu que c'était si triste, comme on ne pourrait le croire sans l'avoir vu ! Et plus triste encore d'être à la disposition de la volonté de ces gens-là.

J'étais dans un grand penchant dégoûté de la vie, me voir volé à tout instant, ne pas pouvoir me faire rendre justice. Il arriva un moment où il fallut encore me la rendre. Je frappai une voleuse en flagrant délit, en sortant de chez le commissaire de police, qui n'avait pas pu me la rendre, malgré toute sa bonne volonté, me renvoyant au juge de paix. En me retirant avec la personne, elle me dit :

— Vous irez au juge de paix, à présent! Moi, je serai crue et vous ne serez pas cru.

— Mettez, madame, que vous allez réussir, mais à quoi vous exposez-vous?

— Mais vous allez partir de chez nous, vous allez voir que ça ne va pas traîner, et vous me payerez encore!!!

— Voilà un à-compte, et je lui ai cassé le nez d'un coup de bâton.

C'était Mme Lemaire ; mais, il ne faut confondre, il y en avait une autre en face, qui faisait le coin de la rue, celle-ci était séparée de corps et de biens d'avec son mari ; aujourd'hui elle est veuve depuis la Commune. Elle m'avait entortillé pour lui prêter de l'argent, m'avait passé un papier que je gagnais ma vie en lui faisant le ménage de son hôtel. Elle ne tarda pas bien longtemps à m'escroquer le papier et cessa de me donner à manger. J'eus recours au commissaire de police, elle se présenta avec son livre, elle me portait pensionnaire à 2 fr. par jour. Le commissaire me dit :

— Si j'avais quelque preuve, je ne m'en tiendrais pas à son livre.

Il me vit de retour tout de suite, que je venais de lui faire cette opération ; je ne fus pas surpris d'être condamné à quelque chose, je m'y attendais ; je fus condamné à deux mois de prison, mais je n'en ai jamais eu de regrets ; en faisant ces deux mois je me suis rattaché à la vie, quoique j'étais à bout de mon argent et sans musique, et je ne la regrettais pas. Je fus réduit à aller chercher mon existence en chantant dans les cours, quoique ça me faisait bien de la peine, je n'avais pas un caractère pour ça. Je commençai à débuter avec la chanson qui suit :

J'ai, dans Paris, un membre de ma vie,
Au champ des pleurs il repose son corps.
Je sacrifie le restant de ma vie
Pour un devoir d'obéir à mon sort.
A mon destin j'agite ma confiance,
J'ai succédé au titre pèlerin.
Obéissant, mon cœur plein d'espérance,
A ce sujet je commence ma fin ;
J'ai tout perdu, quoique j'existe encor,
Rien ne peut plus luire devant mes yeux.
J'ai tout espoir, au temple de l'Aurore,
Près de mon fils, au royaume des cieux.
Ce grand espoir protége ma sagesse,
Dieu m'a donné la vie pour le servir ;

C'est à lui seul que j'ai fait ma promesse,
C'est donc à Dieu que je dois obéir.

Suivait le rêve du Renard, mais je ne le chantais pas; de celle-là, c'était une autre : il me survient l'occasion de mon petit chien. J'hésitai, mais on me sollicita de le prendre : je le payai cinq francs. La guerre arrivée, je fis tout ce que je pus pour ne pas le laisser manger. On me l'a vu et on me le voit encore; de la part qu'il me vient, je ne sais pas vous l'expliquer, mais je l'ai en considération comme mon enfant. J'en ai élevé un autre que vous me voyez tous les jours, en cas qu'il arrivât malheur à mon premier. Ma vue finit de s'éteindre : sans chien, représentez-vous un aveugle entre quatre murs.

A présent, vous ne devez pas être surpris à qui vous avez affaire; je suis assez connu dans le centre de Paris. C'est avec vos petits sous, en réciprocité du bien que vous m'avez fait, que je vous fournis mon histoire. Je vous la donne, par exemple, en abrégé, mon histoire. J'ai passé par la filière d'un bout à l'autre; si j'avais répondu à toutes les questions qui m'étaient adressées, j'aurais aggravé ma position; si je m'étais rebiffé contre les bousculades, je serais resté dans le péril : la patience m'a conduit jusqu'au bout.

J'ai fait un pèlerinage de sept ans, plus dans le danger en passant devant les hommes, que le pèlerin qui a traversé montagnes et déserts en passant devant les animaux les plus féroces, nous sommes méchants, nous n'en devons pas être surpris; nous sommes engendrés d'une mauvaise race, la ligue; nous ne sommes pas sans exception. Dans mon passage, j'ai trouvé du mauvais monde et j'en ai rencontré de bons, bien humains, très humains, qui m'ont donné un coup de patte avec peine; il le fallait pour conserver leur pain. Les uns gâtent les autres; celui qui veut conserver sa position, il faut qu'il fasse tant bien que mal tout ce qu'on veut lui faire faire. Comme c'est triste qu'un honnête homme ne puisse pas s'expliquer sans être forcé d'obéir aux caprices de ses supérieurs ! Ça sera bien facile dans le système de la République: tous ses serviteurs n'auront personne à craindre, ils seront élus à vie, exacts dans ces fonctions, ils seront inébranlables lorsqu'il se présentera un passe-droit, ce sera ce qu l'arrêtera. Il en aura le mérite, si le passe-droit suit la filière d'un bout à l'autre. Il y aura, comme vous le voyez par mon exemple, un plaignant. Le contre gouvernement interviendra à un examen plus ou moins; toute la filière sera compromise; il y aura des révocations, des places à prendre. La filière sera mise en bon état, il faudra que tout marche bien sous la garde du contre-gouvernement; celui qui voudra se retirer demandera sa démission, et il sera fait un examen dans ces fonctions.

S'il y a lieu à quelques reproches, il passera par la révocation; s'il n'y a pas lieu à des reproches, il se retirera honorablement: ce ne sera plus le système royal; lorsqu'on aura fait quelque sottise, on aura recours à la démission pour prévenir la révocation, se portant secours les uns aux autres, comme étant sujets d'avoir besoin les uns des autres chacun son tour; il sort par une porte pour pouvoir rentrer par une autre, et toujours les mêmes à se disputer le gouvernement, comme les chiens se disputent une carcasse morte, au plus fort!! Nous venons de le voir par cette guerre de convenance qui vient de se passer; nous voilà parti, en réussite à Berlin! à Berlin! Une fois le simulacre, voilà les Français en retraite jusqu'à Paris; nous voilà bientôt assiégés, les vivres nous ont manqué; il a fallu un traité de guerre pour un plus grand motif, c'était qu'on n'avait pas envie de se défendre; ils auraient voulu ne pas changer le gouvernement.

J'avais entendu dire, moi, en me promenant : « Non, pour le moment nous n'avons pas à nous occuper de la République, nous avons à nous occuper des Prussiens. » Lorsqu'ils ont voulu employer la ruse de désarmer les républicains, on n'a pas voulu rendre les armes, ils ne purent pas réussir, et s'en furent à Versailles se mettre à distance.

Je me suis rencontré de passer sur la place de la Bourse, un groupe de monde s'occupait ce ça; l'un disait : Si nous parlions à M. tel ou tel, que je n'ai retenu aucun nom que celui de Thiers, — si l'on votait. — L'autre répond : S'ils n'ont pas la majorité, ils ne voteront pas. Je ne me suis pas arrêté pour écouter, je n'aurais pas osé. C'était le meilleur plan pour eux, comme c'est toujours l'usage ; ils se détachèrent de Versailles pour venir à Paris, se mettre en tête des républicains. J'entendais dire, en me promenant : On les voit, on les connaît et on ne leur dit rien ; j'entendais après que c'était le gouvernement de la Commune. Je compris alors le malheur.

Si j'avais eu une voix retentissante, j'aurais fait rejeter ce nom-là; ne me connaissant pas capable d'y arrive, moi qui n'aime pas à boire quand l'eau est trouble, je ne m'occupai de rien. C'est toujours la même comparaison : un gouvernement renversé, c'est un cheval qui renverse son cavalier, on le flatte pour le reprendre, quand on le tient bien on remonte dessus, on lui fait sentir l'éperon, s'il n'en veut pas : ma foi tant pis, on lui en donne tout de même. Les braves républicains ont été tout pareils ; ils ont été flattés par le détachement de Versailles, ils ont été menés à l'attache ; l'autre parti arrive du moment que les autres les tenaient en rênes; ils exécutèrent leur plan à la poursuite des républicains en annonçant tout froidement la République ; ce n'était pas difficile à juger que, s'ils avaient voulu la République, ils n'avaient pas besoin de quitter Paris. La politique veut tout dire, je ne la connais pas, mais je la comprends bien. Dans mon pays, une personne politique c'est un flatteur de qui l'on peut se méfier, c'est un traître : le mot de politique veut dire trahison. Voilà les républicains en déroute, l'Hôtel de Ville en feu, ensuite guerre aux papiers aux Tuileries, et d'autres endroits. C'était-il bien pour les papiers ? Le grenier d'Abondance nous le prouve comme c'était pour les papiers, il nous dit quoiqu'il avait si grand ventre n'avait pas pu contenir toutes les accaparations en provisions; il y en avait ailleurs comme il en fallait pour que ces messieurs en trouvent sous la main et pour cacher la honte de ces grandes accaparations après en avoir privé tant de monde, on a fait chez les autres comme chez moi. Je soussigné témoin, Grenier d'Abondance.

Nous voilà donc, malgré notre abstinence, en République. Comment la baptiserons-nous : République sage, dans un autre moment, c'était République modérée, après c'était République conservatrice, ensuite c'était République radicale, tellement que je ne sais pas comment elle a été baptisée.

Moi, je m'en tiens à son premier baptême. Je ne sais pas par qui elle a été baptisée, mais ça n'est pas par le diable toujours, ça devait être par des personnes bien inspirées : République française. C'est toujours descendre de la famille céleste, sa mère République générale universelle. Il a fallu remonter la Chambre des députés : dans un moment, Barodet se présente, on criait après lui pour avoir servi la Commune; dans un autre moment, c'était Ranc, on criait encore plus fort. Le journal le *Rappel* disait que M. tel, dont je n'ai jamais pu retenir le nom, trouvait à dire que ces messieurs avaient servi la Commune, son père en était le président. J'aurais bien voulu savoir ce qu'est devenu ce président. Ne nous mettons pas dans l'idée que la République puisse supporter un gigotage pareil, elle ne veut pas de politique. S'il y a entre nous quelqu'un à manger, on tirera au sort, on combattra comme le cultivateur purge sa récolte, en détruisant les mauvaises herbes, et la justice sera rendue sous la surveillance de l'intendance religieuse que je vous ai annoncée comme contre-gouvernement; le gouvernement sera tenu par du monde bien choisi.

A commencer par le président, il se présentera avec sa profession de foi par écrit, pour en être responsable dans ses fonctions; il en sera de même de son premier ministre, etc.

La profession de foi sera la Constitution particulière, inviolable, sous peine d'être réprimée de grandes conséquences; les ministres seront choisis comme tous les employés du gouvernement. Si la profession de foi convient et la qualité de la personne, elle sera admise sans s'occuper de ses capacités ; c'est la personne même qui doit se juger capable de soutenir ce qu'elle veut embrasser; une fois dans ses fonctions, il ne doit connaître personne, rien que son devoir; hors des fonctions, il est tout comme un autre. Vive la Liberté !

   La liberté et l'enfance,
   La jeunesse et l'amour,

Le beau temps, l'abondance
Ne durent pas toujours.
Le printemps a ses fleurs,
L'été a ses moissons,
L'hiver n'est que tristesse;
La plus triste saison,
C'est la vieillesse.
Précédant la vieillesse,
Profitez des amours,
Surtout dans la jeunesse
Les instants sont si courts !
Fillettes et garçons,
C'est à votre saison,
De l'amour le plus tendre
Se vieillira d'attendre;
Quand on est vieux, on est vaincu
Le temps d'amour ne revient plus.

Faites, s'il vous plaît, le bon cœur
Au malheureux qui vous demande
Pourra vous porter du bonheur,
Priera Dieu qu'il vous le rende,
Vos bienfaits seront pas perdus.
En faisant le bien, on se prive,
Du moment qu'on n'y pense plus,
La récompense nous arrive.
Privez-vous de quelques plaisirs,
Non pas de votre nécessaire;
Vous pouvez calmer vos désirs
Et au malheureux sa misère.
Peut pas en donner qui n'a pas,
N'en mérite pas de reproches.
Mais je m'adresse a qui en a :
Messieurs et dames, fouillez vos poches,
Ne faut pas craindre de m'offrir
La seule pièce d'un centime,
Donnez-la moi avec plaisir,
J'aurai pour vous beaucoup d'estime.
D'un pauvre, comme d'un bourgeois,
Je prends tout ce que l'on me donne,
Au nom de Dieu je le reçois,
Bénira la main qui me donne.

Comprenez-moi, messieurs et dames,
Ma hardiesse, ma liberté,
Je suis tout pareil comme un âne
Que la misère fait chanter;
Je chante pour gagner ma vie,
Je ne peux pas différemment.
Croyez que c'est bien sans envie
Que je chante le plus souvent;
Je périrais par la misère
Si personne me donnait rien.
Quoique je sois un de vos frères,
Sous le portrait du genre humain,
Mettez-vous un peu à ma place.
L'humanité fait le bon cœur;
Que voudriez-vous que l'on vous fasse
Si vous étiez dans le malheur?
Mon exemple doit vous suffire,
Tous sont sujets à cette loi,
Un seul malheur peut vous réduire
A devenir pire que moi.
Tendre la main, c'est une honte
Que la misère fait agir,
Mais il faut bien qu'on la surmonte
Nous faut la vaincre ou faut mourir.

Je suis accablé de chagrin.
Ne faisant pitié à personne
Me faudra bien mourir de faim
Si n'y a personne qui me donne.
Atteint du malheur le plus pire,
Etant affligé de la vue,
Je crois qu'il me faudra périr
Par là dans quelque coin de rue.
J'y crèverai sans testament,
On aura pitié, je l'espère,
Pour en être reconnaissant,
Aux héritiers de ma misère.

C'est au milieu de tant de monde,
Qu'on peut être si malheureux!
Dans une fosse très profonde
On se trouverait plus heureux.

Six pieds de profond dans la terre,
Où l'on va pour l'égalité,
La richesse avec la misère
La fortune et la pauvreté.
Dans ce lieu là où tout se mêle.
Le pain blanc avec le pain bis,
Tant les soumis que les rebelles,
Les loups sont comme les brebis.

Mettez vos restants dans la poche
Ne les donnez pas au voisin,
Laissez-lui passer l'arme à gauche.
Vous en aurez pour le lendemain.
Retirez-vous dans la fortune,
Fermez votre porte au verrou,
Par crainte qu'on vous importune,
Dites qu'il n'y a pas trop pour vous.
Chacun jouit à sa manière,
On peut crever le ventre plein,
Pour régaler les vers de terre
Qui vous mangeront le lendemain.

Les cochons n'engraissent pas de l'eau claire, pataugent toujours jusqu'à ce que l'eau est trouble, bien trouble, en barbotant dans le trouble, deviennent gros et grands, et se vendent bien ces grands cochons. Ils sont bien recherchés, on les achète, parce qu'ils ne sont pas délicats. On leur fait boire le sang humain tout pur pour les engraisser. Une fois qu'ils sont gras, bien gras, ils ne sont pas comme bien d'autres, comme moi.

Quoique privé de la vue,
A moi l'on ne doit pas se fier.
Si je ne mords pas, je rue,
Je donne des grands coups de pied (bis).
Les coups de pied que je donne
Sont appliqués justement
A ne pas tuer personne
Ni en blesser seulement (bis).

DULUC.

Paris. — Imp. Nouv. (assoc. ouv.), 14, r. des Jeûneurs. — G. Masquin, d^r